CON GRIN SU CONOC[I]
VALEN MAS

- Publicamos su trabajo académico, tesis y tesina

- Su propio eBook y libro - en todos los comercios importantes del mundo

- Cada venta le sale rentable

Ahora suba en www.GRIN.com y publique gratis

Julia Wagner

Las reformas más importantes de la Segunda República Española

GRIN Publishing

Bibliographic information published by the German National Library:

The German National Library lists this publication in the National Bibliography; detailed bibliographic data are available on the Internet at http://dnb.dnb.de .

Imprint:

Copyright © 2014 GRIN Verlag GmbH
Print and binding: Books on Demand GmbH, Norderstedt Germany
ISBN: 978-3-656-96105-5

This book at GRIN:

http://www.grin.com/es/e-book/299410/las-reformas-mas-importantes-de-la-segunda-republica-espanola

GRIN - Your knowledge has value

Since its foundation in 1998, GRIN has specialized in publishing academic texts by students, college teachers and other academics as e-book and printed book. The website www.grin.com is an ideal platform for presenting term papers, final papers, scientific essays, dissertations and specialist books.

Visit us on the internet:

http://www.grin.com/

http://www.facebook.com/grincom

http://www.twitter.com/grin_com

Índice

1. Introducción

En el contexto del seminario «Civilización», voy a ocuparme en este trabajo de las reformas más importantes de la Segunda República Española. Con el objetivo de no rebasar los límites del trabajo, doy mayor importancia a las cuatro reformas, que, en mi opinion, son las más importantes. Éstas incluyen la reforma agraria, la reforma militar, la separación entre Iglesia y Estado y las reivindicaciones regionales de Cataluña, Galicia y el País Vasco.

En primer lugar voy a hacer un resumen histórico en pocas palabras sobre los antecedentes de la Segunda República, que describe los actores principales y la grave situación económica y política del Estado en aquel momento.

Después, voy a dedicarme detalladamente en la parte principal de las cuatro reformas mencionadas. Estas reformas surgieron en el periodo de la Segunda República, que fue proclamada el 14 de abril de 1931 y llegó a su fin con el término de la Guerra Civil el 1 de abril de 1939.

Este período se puede dividir en dos etapas distintas. La primera etapa duró desde 1931 hasta 1933, designada como «bienio reformista», y marca la etapa más importante en el camino hacia la modernización de España. La segunda etapa describe los años 1934 y 1935, conocido como «bienio negro», porque en este periodo las reformas realizadas, la reforma agraria y militar, fueron anuladas.

Terminaré mi trabajo con un resumen en que evalua la introducción de las distintas reformas y muestra su importancia para la Segunda República y el desarrollo de la Guerra Civil.

Mi trabajo escrito se basa principalmente en los planteamientos de Beevor, Herold-Schmidt, Schauff y Collado Seidel, que, en mi opinión, figuran entre las obras fundamentales sobre el análisis de este asunto. Mis conclusiones también se apoyan en las representaciones de Tuñón de Lara, Vilar y Bernecker.

2. Antecedentes de la Segunda República

Después del final de la Primera Guerra Mundial, hubo un empeoramiento de la situación económica y de las tensiones sociales dentro del país. A lo que se añadió la alta cifra de parados, que aumentó de forma continua.[1] En todo el país se produjeron revueltas y agitaciones, sobre todo en Barcelona hubo enfrentamientos entre anarquistas y empresarios. El descontento de los militares era cada vez más grande y así se añadieron a los conflictos en Barcelona los fracasos en Marruecos. Una operación cerca de Melilla terminó en 1921 con la derrota del ejército español en la llamada guerra del Rif contra Abd-el-Krim.[2] El «Desastre de Annual» fue otro revés grave para los españoles después de la perdida de sus últimas colonias (Cuba, Puerto Rico, Filipinas) en la Guerra hispano-americana en 1898.[3]

„Von einer öffentlichen Diskussion befürchteten interessierte Kreise Schaden für das Ansehen von Militär und Krone sowie eine Verstärkung der gegen die Armee gerichteten Volksstimmung, die sich zuvor schon in Rebellionen und Befehlsverweigerungen gezeigt hatte. Dem kam Miguel Primo de Rivera[4] mit seinem Putsch zuvor und versetzte dem Restaurationsregime den Todesstoß."[5] Ocupó Barcelona y declaró el estado de emergencia el 13 de septiembre de 1923.[6] Dos días más tarde, Primo fue nombrado por el rey Alfonso XIII.[7] por el presidente de la Junta Militar. Los comunistas y el sindicato de trabajadores de la CNT (Confederación Nacional del Trabajo) convocaron en vano una huelga general. Primo de Rivera disolvió las Cortes, así como los concejos municipales y reemplazó estos por Juntas de Asociados, que eran reuniones de los contribuyentes principales. La actitud cooperativa de los socialistas y de la UGT (Unión General de Trabajadores), que más

---

1 Herold-Schmidt, Hedwig: Vom Ende der Ersten zum Scheitern der Zweiten Republik (1874-1939). In: Schmidt, Peer/Herold-Schmidt, Hedwig (Hgg.): Geschichte Spaniens. Stuttgart 2013, p. 387; Beevor, Antony: Der Spanische Bürgerkrieg. München 2006, p. 26; Schauff, Frank: Der Spanische Bürgerkrieg. Göttingen 2006, p. 13.

2 Beevor 2006, p. 33; Herold-Schmidt 2013, p. 388.

3 Collado Seidel, Carlos: Der Spanische Bürgerkrieg. Geschichte eines europäischen Konflikts. München 2006, p. 19; Beevor 2006, p. 24.

4 Dictador de 1923-1930, padre de José Antonio Primo de Rivera. Collado Seidel 2006, p. 23, 43.

5 Herold-Schmidt 2013, p. 389.

6 Beevor 2006, p. 34; Herold-Schmidt 2013, p. 390.

7 1902 rey con 16 años, se exilió en 1931. Herold-Schmidt 2013, p. 376, 400.

tarde ocuparon el monopolio por la sustitución de los trabajadores, contribuyó a la estabilización de la situación social enormemente.[8]

«Die Militärdiktatur Primo de Riveras beruhte auf einem ausgeprägten Sendungsbewusstsein, das den direkten Kontakt zum Volk suchte, und einer Ideologie, die die traditionellen Werte Spaniens betonte.» Primo de Rivera quería resolver con su dictadura tres problemas de muchos años atrás: La cuestión marroquí, los conflictos en Barcelona y el separatismo catalán.[9] España consiguió imponerse de manera decisiva con la ayuda de Francia contra Abd-el-Krim en la primavera de 1926, la guerra finalmente terminó un año después. El problema de la onda de violencia en Barcelona fue resuelto con la ayuda de la policía y los militares. Primo de Rivera había prometido la autonomía a Cataluña y así aseguró su apoyo. Por eso adoptó medidas sólo contra la izquierda radical e instó a una gran parte al exilio. Ya en 1923 la bandera catalana y el uso oficial de la lengua regional fueron prohibidos por la presión del ejército y del rey, dos años después, también se prohibiría el sermón en lengua catalana.[10]

Los años 1925 y 1926 fueron descritos como los mejores años de la dictadura. Pues a partir de 1928 se rompió el pacto social entre empresarios, UGT y la dictadura. Los sindicatos católicos se escandalizaron por la prevalencia de la UGT. Por eso se distanciaron junto con una gran parte del catolicismo político y social.[11] Además del rey, cuyo apoyo menguó desde fines de 1926, también se distanció el ejército. Muchos intelectuales opinaron, la mayor parte en el exilio, sobre la dictadura de Primo de Rivera. Entre ellos escritores y filósofos respetados como Miguel de Unamuno y Ortega y Gasset.[12]

En enero de 1929 hubo un intento de derrocamiento, en que los republicanos y los representantes de la CNT estaban implicados, con el objetivo de destituir el rey y convocar las Cortes constituyentes. Sin embargo el pronunciamiento fracasó estrepitosamente. A través del movimiento de estudiantes se logró movilizar a la opinión pública y el conflicto entre los valores tradicionales y modernos se fue agravando progresivamente. Antes de que se produjera un nuevo golpe de estado,

---

8 Herold-Schmidt 2013, p. 391, 395.
9 Herold-Schmidt 2013, p. 392.
10 Herold-Schmidt 2013, p. 393-394.
11 Herold-Schmidt 2013, p. 395.
12 Collado Seidel 2006, p. 25.

Primo de Rivera dimitió de su cargo el 30 de enero de 1930.[13] La dictadura fue designado como una «konservativ-autoritäre Herrschaft, die in einigen Bereichen eine partielle Modernisierung in Gang setzte und damit die Basis für die Mobilisierung der Massen in der Zweiten Republik legte.»[14]

El general Dámaso Berenguer[15] fue nombrado el 30 de enero de 1930 por el rey Alfonso XIII. como jefe de gobierno, que debía lograr un retorno a la Constitución antes de 1923 para conseguir la salvación de la monarquía, lo que no tuvo éxito.[16] A través de la participación del rey en la dictadura, se distanciaban cada vez más círculos de su figura y los sindicatos eran cada vez más numerosos. En el verano de 1930 los grupos republicanos y regionalistas se fusionaron en el Pacto de San Sebastián para destituir al rey Alfonso XIII. mediante un golpe de estado. La autonomía fue prometida a las regiones de Cataluña, Galicia y el País Vasco. Pero el levantamiento fracasó de nuevo. El comercio exterior cayó y el número de parados se elevó a un 33%. El 12 de abril 1931 fueron señaladas elecciones municipales, que terminaron con la victoria de la izquierda. En muchas ciudades la República fue exigida y fue proclamada el 14 de abril de 1931. El rey Alfonso XIII. se exilió a Francia.[17]

3. Las reformas más importantes

La República reflejó el entusiasmo y las grandes esperanzas en cambios que ahora se esperaba por parte de los ciudadanos. Pero las circunstancias internacionales no podrían haber sido menos favorables que en este momento. Las consecuencias de la crisis económica mundial llevaron a la agitación social en muchas regiones. Esto significó que el margen de la financiación de las reformas, que era de todos modos muy pequeño, se limitara aún más. De esta manera, el resentimiento creció a ambos lados de las «Dos Españas». Mientras que la derecha se esforzó por la preservación de los privilegios, la izquierda había decepcionado en sus esperanzas.[18] Las fuerzas

13 Collado Seidel 2006, p. 25; Herold-Schmidt 2013, p. 396-397.

14 Herold-Schmidt 2013; p. 397-398.

15 1930 presidente del gobierno, dimisión un año después. Schauff 2006, p. 22.

16 Beevor 2006, p. 36; Schauff 2006, p. 22.

17 Herold-Schmidt 2013; p. 398-400; Collado Seidel 2006, p. 25-26.

18 Bernecker, Walther Ludwig: Spanische Geschichte. Von der Reconquista bis heute. Darmstadt 2002, p. 156; Herold-Schmidt 2013; p. 401.

nacionalistas de la derecha se presentaron colectivamente y se combinaron en tres extremos: «Sie waren rechts, zentralistisch und autoritär zugleich. Die Republikaner hingegen stellten ein Gemisch unvereinbarer Strömungen dar, deren Vertreter sich gegenseitig mit Misstrauen beäugten. Zentralistischen und autoritären Kräften, darunter besonders den Kommunisten, standen Regionalisten und Libertäre gegenüber.»[19]

El 15 de abril las elecciones fueron convocados por el Gobierno Provisional, que terminaron con la victoria de la izquierda. De ahora en adelante, el nuevo gobierno bajo el mando del presidente Manuel Azaña[20] abordó un programa de reformas para acometer los problemas más urgentes del país. Las transformaciones fundamentales eran la reforma militar, la separación estricta de Iglesia y Estado, así como el problema de las autonomías regionales. El deseo principal de los socialistas estaba, al lado de una nueva Constitución, la reforma agraria.[21]

Durante la dictadura la UGT había fundado un sindicato agrícola, la FNTT (Federación Nacional de Trabajadores de la Tierra), para instar a la mejora de la situación social mediante la redistribución de la tierra.[22] Las élites sociales en cambio rechazaron de entrada las demandas de participación política y mejora de la situación social y no vieron ninguna necesidad de introducir nuevas reformas. «So zeigte sich für die Epoche der Restauration in Spanien eine deutliche Dichotomie zwischen dem Fortbestand einer aus dem Ancien Régime herübergeretteten Gesellschaftsstruktur und den gesellschaftlichen Entwicklungen seit dem ausgehenden 19. Jahrhundert; eine Situation, die bis zum Ausbruch des Bürgerkrieges keine grundlegende Veränderung erfahren sollte.»[23]

3.1 La reforma agraria

La agricultura se reveló como uno de los mayores problemas que enfrentó el país y

---

19 Beevor 2006, p. 11-12.

20 Afiliado de la inzquierda republicana, 1931 ministro de guerra, 1931-33 presidente del gobierno, responsable de la reforma militar y la separación de Iglesia y Estado. Collado Seidel 2006, p. 29.

21 Collado Seidel 2006, p. 28; Herold-Schmidt 2013; p. 401-402; Schauff 2006, p. 24.

22 Bernecker 2002, p. 162; Schauff 2006, p. 24-25; Maurice, Jacques: La reforma agraria en España en el siglo XX (1900-1936). Madrid 1978, p. 21.

23 Collado Seidel 2006, p. 18.

fue de gran importancia en España hasta el siglo XX.[24] En 1931 el 45% de la población activa trabaja en el sector agrícola.[25] Sin embargo, la mayoría de los trabajadores del campo no podían permitirse su propia parcela y las máquinas necesarias para la explotación. Por este motivo, la distribución de los terrenos estaba de un solo lado. En el sur de España se crearon las grandes explotaciones agrícolas con los terrenos grandes, los llamados latifundios, que fueron dirigidos por los terratenientes y cultivados por los braceros y temporeros. De esta manera, la supervivencia de las minifundios, que se encontraban sobre todo en el norte, estaba en peligro. Los latifundistas tenían un tercio de todo los terrenos, pero sólo representaban el 0,1% de las explotaciones. Por el contrario, los minifundistas, que poseían un total de 96% de las explotaciones, también compartían un tercio de la tierra cultivable.[26]

España, todavía marcada fuertemente por el sector agrario, fue incapaz de mejorar la situación social de los braceros y así la pobreza en el sur seguiría en adelante. «Die Verarmung der ländlichen Bevölkerung und ein damit verbundenes überproportionales Bevölkerungswachstum führten zu Verelendungserscheinungen und zu auftretenden Hungerrevolten, die jedoch meist von der Guardia Civil ohne Mühe niedergeschlagen wurden.»[27] Por este motivo, toma la decisión de promulgar una reforma agraria fundamental. Un concepto relativamente simple, lo que resolvería el problema de la estructura agraria en el sur de España dentro de unos pocos años.[28]

La reforma agraria fue la reforma más significativa de todas, porque las condiciones de vida de toda la población dependían directamente de ésta. Como se ha mencionado antes, los terrenos económicos en España se distribuían de manera muy desigual, lo que llevó a problemas existenciales por parte de los agricultores.

La oligarquía rural fue capaz de utilizar la oferta excesiva de temporeros para obligarles a hacer este trabajo por una miseria.[29] El nuevo ministro de trabajo

---

24 Maurice 1978, p. 1; Garcia-Nieto, Carmen Maria/Donézar, Javier María: La Segunda República.
   Bd. 1. Economía y aparato del estado. 1931 – 1936. Madrid 1974, p. 30
25 Garcia-Nieto 1974, p. 30; Maurice 1978, p. 2-3.
26 Schauff 2006, p. 36-37.
27 Collado Seidel 2006, p. 19.
28 Maurice 1978, p. 2; Schauff 2006, p. 25.
29 Herold-Schmidt 2013; p. 410-411.

Francisco Largo Caballero[30] diligenció reformas con respecto a las regiones del sur de España. Esto incluyó la prohibición de la contratación de trabajadores de otras comunidades, mientras que hubiera trabajadores locales que estuviesen en paro. Además la institución de comités de arbitraje de empresarios, sindicatos y gobierno así como la introducción de la coacción para cultivar los terrenos bajo la amenaza de expropiación. Por lo demás, a los arrendatarios les fue dada seguridad jurídica y a principios del julio de 1931 fue introducida la jornada de ocho horas. Pero estas nuevas leyes y reformas provocaron la resistencia de los latifundistas.[31]

«Dieses Gesetz führte aber zur offenen Kriegserklärung der Rechten, die sich unter José María Gil Robles[32] zum Parteienbündnis der CEDA (Confederación Española de Derechas Autónomas) zusammengeschlossen hatten.»[33] Debido a los conflictos dentro de la coalición, la ley fue desestimada finalmente en favor de un propósito más complicado. Pero este plan fue por un grupo de propietarios mucho más grande que los latifundistas del sur y así provocó todavía una mayor resistencia.[34]

La Ley Agraria sólo fue aprobado el 9 de septiembre de 1932 por Manuel Azaña, después de meses de negociaciones[35], tras del intento de un golpe de estado contra la República por José Sanjurjo[36] que fracasó miserablemente un mes antes.[37]

Hasta el otoño de 1933 la resistencia de los latifundistas contra la legislación laboral y social se había reforzado de modo que llegó a conflictos considerables en el campo. Los socialistas se daban cuenta cada vez más de que los propietarios no abandonarían sin resistencia su posición social. También el contexto de la economía mundial tuvo un papel importante en ese momento. La «Gran Depresión» se refería

---

30 Afiliado de la UGT, 1931 ministro de trabajo, un año después presidente de la PSOE (Partido Socialista Obrero Español). Collado Seidel 2006, p. 33.

31 Bernecker 2002, p. 162; Maurice 1978, p. 24; Garcia-Nieto 1974, p. 32.

32 Líder de la derecha católica, fundador de la CEDA en 1933, triunfante con la CEDA en las elecciones en noviembre de 1933. Vilar, Pierre: Der Spanische Bürgerkrieg 1936-1939. Berlin 1999, p. 9.

33 Bernecker 2002, p. 163; Herold-Schmidt 2013; p. 403.

34 Schauff 2006, p. 25.

35 Maurice 1978, p. 27; Herold-Schmidt 2013, p. 411.

36 1927 término la guerra en Marruecos, 1928 jefe de la Guardia Civil, 1932 su golpe de estado fracasó, dirección militar del golpe de estado en 1936. Collado Seidel 2006, p. 41.

37 Schauff 2006, p. 25; Tuñón de Lara, Manuel: Strukturelle Ursachen und unmittelbare Anlässe. In: Tuñón de Lara, Manuel (et.al.) (Hgg.): Der Spanische Bürgerkrieg. Eine Bestandsaufnahme. Frankfurt am Main 1987, p. 38.

especialmente a la agricultura española y llevó a una aumento significativo del desempleo entre los braceros. El incidente más grande del «bienio reformista» fue la insurrección anarquista el 8 de enero de 1933, que fue sofocada, por lo general, sin mucho esfuerzo. Sólo en el pueblo andaluz Casas Viejas, hubo una masacre en la que la Guardia Civil prendió fuego a una casa, en la que murió una familia, y mató a tiros más de una docena de personas. «Mit der katastrophalen Niederlage der republikanischen Linken bei den Wahlen im Herbst 1933 kam es zur Übernahme durch die Mitte-Rechts-Regierung in der zweiten Etappe der Republik, dem sogenannten Schwarzen Doppeljahr».[38]

El nuevo gobierno dispusó la suspensión de las leyes y reformas antes proclamadas. «[...] Su efectividad fue solamente de dos años escasos, de septiembre de 1932 a octubre de 1934 [...].»[39] Los latifundistas se vengaban después del fracaso de las reformas con toda brutalidad y ahuyentaron a cientos de arrendatarios de sus granjas.[40] La derrota de los campesinos, que pasaban hambre, fue celebrada con las llamadas sarcásticas «¡Comed República!».[41] Las esperanzas decepionadas se tranformaron en agresividad evidente y provocaron una reacción radical por parte de los trabajadores, que llevaron a huelgas y revueltas aumentadas. «Da die Arbeiter nun ihr Schicksal selbst in die Hand nahmen und nicht mehr auf Gesetzesbeschlüsse warten wollten, kam es in vielen Teilen Spaniens zu Landbesetzungen, vor allem in der Provinz Badajoz. Viele Großgrundbesitzer verließen vorausschauend in dieser vorrevolutionären Stimmung das Land.»[42]

En julio de 1935 la coalición gobernante finalmente aprobó una ley, que paralizó la reforma agraria del bienio reformista definitivamente. Una ley contraria, aprobada en agosto, expulsó a los yunteros finalmente de sus terrenos.[43]

3.2 La reforma militar

La posición casi no impresionada de los militares en la sociedad española resultó un obstáculo principal para la realización de las reformas, que por consiguiente, sólo

---

38 Schauff 2006, p. 26.
39 Maurice 1978, p. 42.
40 Vilar 1999, p. 13.
41 Schauff 2006, p. 29.
42 Collado Seidel 2006, p. 53-54.
43 Schauff 2006, p. 34; Tuñón de Lara 1987, p. 43.

progresaban muy lentamente.[44] Inmediatamente después de la proclamación de la República el primer ministro y ministro de guerra Manuel Azaña abordó una reforma militar completa con el objetivo de profesionalizar el ejército y dificultar las ambiciones políticas de los cuerpos de oficiales.[45] El objetivo de Azaña era «eine effiziente und demokratische Armee nach französischem Vorbild, die der zivilen Gewalt unterstellt war, sich Eingriffen in die Politik enthielt und in der das Offizierskorps nicht mehr wie bisher eine geschlossene Kaste bildete.»[46] Gracias a la despolitización de los militares, que hasta entonces pertenecía a una de las capas más privilegiadas, y la modernización de las fuerzas armadas, el ejército debería estar dirigido sobre todo contra enemigos externos y no contra los enemigos internos. Además, se propuso algunas reestructuraciones en liderazgos, pero no hubo purgas, que fue lamentada por la izquierda.[47]

Uno de los mayores problemas era la reducción del cuerpo de los oficiales sobredimencionado. En abril de 1931 se aprobó una ley que permitía la despedida de un gran número de oficiales del servicio activo. A ellos se les presentaron ofertas de jubilación, lo que les garantizó una jubilación anticipada con sueldo completo durante un período limitado. Por esta medida, el número de oficiales se redujo en un 40% a 13.000 personas. La tropa militar del ejército africano de Francisco Franco[48] se redujo de 57.000 a 45.000, y más tarde a unos 30.000 hombres.[49]

La introducción de una administración civil en Marruecos, que ahora asumió amplias áreas de actividades de los militares, también llevó a una gran insatisfacción por parte de éstos. La creciente sensación de degradación humillante enfureció al ejército contra el orden republicano y el gobierno de la izquierda civil, sobre todo en Marruecos. Las tensiones de la política interior, las medidas del gobierno, que infringieron los valores de los cuerpos de oficiales, así como la violencia del debate parlamentario, debilitaron la confianza en el sistema político de una casta, que cree en las jerarquías, órdenes claras y un fijo código de valores.[50]

---

44 Beevor 2006, p. 30.

45 Collado Seidel 2006, p. 28; Herold-Schmidt 2013, p. 408.

46 Herold-Schmidt 2013, p. 408.

47 Collado Seidel 2006, p. 35.

48 El general, que realizó el golpe de estado en 1936, dictador en España de 1939-1975. Collado Seidel 2006, p. 36.

49 Herold-Schmidt 2013, p. 409; Collado Seidel 2006, p. 35.

50 Collado Seidel 2006, p. 35-36.

Por medio de la nueva ley la academia militar de Zaragoza, que fue dirigido por el general Franco, fue cerrada en 1931. Algunas personas que habían ascendado por sus rendimientos excepcionales en la guerra, ya no eran promovidos por sus méritos en la guerra. Esto logró Azaña con ayuda de la Ley, que había aprobado en 1918. Entre los perdedores de esta medida se encontró Francisco Franco. La competencia de los tribunales militares también sufrió una restricción rigurosa, porque el refuerzo de la fuerza civil llevó a la abolición de la Ley de Jurisdicciones. El cargo del capitán general, que se había presentado como el comandante militar de más alto rango en las ocho regiones militares del país sobre las autoridades civiles, fue abolido, quedando ésta como la última gran reforma.

Todas estas innovaciones fueron bloqueadas en gran medida después de la toma del gobierno centro-derecho bajo el líder Gil Robles en 1933. Los posiciones claves estaban ocupadas por oficiales anti-republicanos. Así Emilio Mola[51] recibió el mando supremo en Marruecos y Franco se convirtió en el Jefe del Estado Mayor. Este procedimiento allanó el camino para el ejército para el golpe de estado en 1936.[52]

3.3 La separación entre Iglesia y Estado

La Iglesia disfrutaba de una posición alta y ejerció el poder absoluto sobre el pueblo. El papel de la Iglesia consistió durante siglos en apoyar las acciones de la propaganda militar y en intervenir en los combates.[53] El nuevo gobierno republicano pretendió por primera vez en la historia de España una separación estricta entre Iglesia y Estado.[54]

Apenas dos semanas después de la proclamación de la República el cardenal Pedro Segura condenó en una carta pastoral la intención del nuevo gobierno, la libertad de creencia y la introducción de la separación de Iglesia y Estado. El cardenal instó a los católicos a votar en las elecciones futuras contra un gobierno, que, en su opinión, quería destruir la religión. La prensa católica aprobó estas demandas. En vista de esta rebelión de la cabeza de la Iglesia española, el ministro republicano ordenó la

---

51 Después de la proclamación de la República retirado del servicio activo, 1934 reactivado,
 coordinador del golpe de estado en 1936, responsable por el bombardeo de Guernica en 1937.
 Collado Seidel 2006, p. 51.
52 Herold-Schmidt 2013, p. 409.
53 Beevor 2006, p. 18-19.
54 Vilar 1999, p. 30.

expulsión del cardenal.[55]

«Das Verhältnis zwischen der neuen säkularen Republik und der katholischen Kirche gestaltete sich äußerst kompliziert, da die katholische Kirche in Spanien seit Jahrhunderten und bis zum Sturz der Monarchie im Jahr 1931 nahezu ununterbrochen eine privilegierte Position innegehabt und ihre Lehren das öffentliche und private Leben maßgeblich bestimmt hatten.»[56] Esto tuvo un efecto disciplinado y también dirigido a los procesos sociales por el control sobre la educación. La confesión católica ahora tenía oficialmente el rango de una religión de Estado. La nueva constitución republicana desterró el ejercicio de la religión y eliminó el sostén, que se habían ofrecidos la Iglesia y el Estado mutuamente. Al clero y a las órdenens les fue reitrado cualquier apoyo financiero del estado. A todas las órdenes se les impuso multitud de restricciones. No se les permitió operar con carácter comercial, ni acumular capital. El poder de facto de la Iglesia y de la penetración de la libertad de creencia había llevado cada vez más a la formulación de un anticlericalismo radical.[57]

En mayo de 1931, en Madrid hubo una escapada anticlerical. Esto tuvo una gran importancia para el distanciamiento de la Iglesia de la República, debido a que el alto clero al principio habían llamado expectante para cumplir con el nuevo orden. Otro factor agravante fueron los primeros decretos del gobierno de Azaña. Estos incluían la resolución de la obligación de la educación religiosa así como una formación universitaria de los maestros, que no podían presentar la mayoría de las monjas enseñadas en las escuelas eclesiásticas. Después de enfrentamientos violentos surgió el artículo 26, que decía que la alimentación estatal de las órdenes quedaba suprimida, lo mismo que los privilegios fiscales. «Der Handlungsspielraum der Kirche, vor allem der der Orden, im sozialen wie wissenschaftlichen Raum wurde fast komplett eingeschränkt.»[58] Este artículo provocó la dimisión de importantes personalidades como Niceto Alcalá Zamora[59] y Miguel Maura[60] así como los diputados vascos y de la derecha. Con el cierre de la orden jesuita en 1932 y sus

---

55 Beevor 2006, p. 41.

56 Collado Seidel 2006, p. 28.

57 Collado Seidel 2006, p. 28-31.

58 Herold-Schmidt 2013, p. 405-406

59 Primer presidente de la Segunda República y el primer ministro hasta 1933. Herold-Schmidt 2013, p. 402.

60 Republicano conservador y firmante del Pacto de San Sebastián, 1931 Ministro de Interior. Vilar 1999, p. 19.

numerosas instalaciones educativas, el sistema fue sellado y promulgado los requisitos para la eliminación de los símbolos religiosos de los edificios públicos. Estas condiciones y la legalización del divorcio y el matrimonio civil, fueron consideradas por la derecha como un ataque frontal de la República a la patria, la Iglesia y la familia. Controversias violentas provocaron la ley de las órdenens, que entró en vigor después de un largo debate en junio de 1933 y prohibió la actividad docente eclesiástica totalmente desde el principio de 1934. El gobierno de centro-derecha haría todo a partir de noviembre de 1933 para eludir estos requisitos, de modo que no hubo cambios. Sin embargo, un momento crucial fue la victoria del Frente Popular en las elecciones de 1936.[61]

3.4 Las reivindicaciones regionales

«Ein weiteres Konfliktfeld entstand bereits im 19. Jahrhundert, wurde allerdings erst im 20. Jahrhundert sichtbar, nämlich der Anspruch auf Autonomie und Selbstverwaltung einiger historisch und kulturell exakt definierbarer Gruppen, den sogenannten „historischen Nationalitäten".»[62] A través de estos conflictos nacionalistas surgieron en Cataluña y el País Vasco, las regiones industrializadas del país, tendencias cada vez más regionalistas, que se dirigieron contra el centralismo madrileño.[63] A pesar de sus diferencias el nacionalismo vasco y catalán promovieron igualmente la oposición de la derecha, «die zentralistisch, autonomiefeindlich und kastilienorientiert war.» El cuerpo de oficiales, de el que sólo una pequeña parte provenía de esas partes del país, se reveló como un oponente especial contra las reglamentaciones de la autonomía.[64]

En primer lugar, las reivindicaciones regionales fueron reprimidas en oposición a otras declaraciones anteriores, aunque la burguesía catalán había apostado inicialmente por Primo de Rivera, el ex comandante militar regional, para restablecer la paz y el orden en su favor y para entregar a la región al mismo tiempo una mayor libertad. Entonces la burguesía catalán se distanció cada vez más del dictador.[65] Sólo

---

61 Vilar 1999, p. 30.

62 Tuñón de Lara 1987, p. 17.

63 Collado Seidel 2006, p. 11.

64 Herold-Schmidt 2013, p. 406-407.

65 Schauff 2006, p. 20-22.

el gobierno de la izquierda posterior bajo Manuel Azaña presentó al parlamento un proyecto de ley sobre el estatuto de autonomía para Cataluña.[66]

Ya a principios del siglo XX la Lliga Regionalista de Catalunya se convirtió en el partido dominante en Cataluña. Con el tiempo, el catalanismo se extendería también a otras capas sociales, que se reunieron principalmente en el partido de la Esquerra Republicana de Catalunya (ERC) bajo la dirección de Francesc Macia[67], de manera que podemos hablar de un amplio movimiento regionalista hasta 1931. Cataluña se entendió a sí misma como una nación y así entró en conflicto con la pretensión estatal formulada en Madrid.[68]

Los fundamentos del nacionalismo catalán eran la lengua, que el pueblo siempre había hablado y que tenía un pasado literario brillante. «Des Weiteren die von der Renaissance mythisch verklärte Geschichte, die allerdings in der Tat ihre ruhmreichen Höhepunkte besaß. Eine Unabhängigkeitstradition, die mit der Kritik an den kastilischen Königen verbunden war und zuletzt die wirtschaftliche Sonderstellung mit der Industrie, deren Prosperität von einem armen spanischen Markt und deren Schutz durch Zollschranken wiederum von den Entscheidungen in Madrid abhing, wo der Protektionismus hartnäckige [sic] Gegner hatte.»[69]

El País Vasco también experimentó un fuerte auge económico, pero el nacionalismo vasco no se basaba, distinto al catalán, en la seguridad en sí mismo de la burguesía floreciente.[70] «Der baskische Nationalismus berief sich auf eine Sprache und eine Vergangenheit von seltener Originalität. Alle Merkmale des Volks der Basken scheinen bis in Urzeiten zurückzuführen. Erste und wichtigste Grundlage des baskischen Bewußtseins [sic] ist es, daß [sic] man sich einer isolierten, geschrumpften Gruppe von Menschen zugehörig fühlt, die von der modernen Zivilisation in ihrer Existenz bedroht wird.»[71]

El estatuto de autonomía de Cataluña fue aprobado el 9 de septiembre de 1932. Este fue un éxito para el gobierno, que supo aprovechar la indignación general, después del golpe de estado fracasado de Sanjurjo. El 20 de septiembre, las primeras

---

66 Tuñón de Lara 1987, p. 38.
67 Catalán radical y izquierda-separatista, 1931 líder de ls izquierdista ERC, primer presidente de la «Generalidad de Cataluña». Vilar 1999, p. 13.
68 Collado Seidel 2006, p. 20.
69 Vilar 1999, p. 19-20.
70 Collado Seidel 2006, p. 20.
71 Vilar 1999, p. 23.

elecciones al parlamento catalán, que confirmaron la supremacía de la ERC y la presidencia de Francesc Macia, tuvieron lugar.[72] La autonomía transfirió al gobierno regional, la administración municipal y la financiación municipal, las competencias para las obras públicas, el orden público y la infraestructura. El catalán fue reconocido como lengua oficial. Madrid se reservó el derecho a la supervisión sobre la enseñanza, el español como lengua de enseñanza era obligatoria.[73]

El País Vasco tuvo que esperar a su estatuto de autonomía cuatro años más. Sólo entró en vigor después del comienzo de la guerra civil el 1 de octubre de 1936. Esto fue debido sobre todo a las diferentes opiniones regionales y la naturaleza de tal reglamentación. Tanto el derecho monárquico, como el derecho carlista se opusieron a la autonomía, mientras que la izquierda estaba dispuesto a apoyar una solución incorporada en su concepto de reformas.[74]

Galicia, que también tenía su propia lengua y cultura, había exigido un estatuto de autonomía.[75] Sin embargo, el deseo de autonomía de Galicia sin duda no era tan pronunciado como el movimientos en Cataluña y el País Vasco. El estatuto de autonomía fue aprobado por referéndum, pero no entró en vigor a causa del inicio de la Guerra Civil el 17 de julio de 1936.[76]

---

72 Tuñón de Lara 1987, p. 38.

73 Herold-Schmidt 2013, p. 407.

74 Bernecker, Walther Ludwig: Krieg in Spanien 1936-1939. Darmstadt 2005, p. 140; Herold-Schmidt 2013, p. 408.

75 Vilar 1999, p. 23.

76 Bernecker 2005, p. 10.

4. Resumen

En resumen, se puede decir que la Segunda República Española es uno de los acontecimientos más importantes en la historia de España y sentó las bases para la modernización y el cambio radical de España, que aún se hacía esperar desde algunas décadas atrás.

La división interior de España se evidenciaba en la separación de las «Dos Españas», que se aferraban al antiguo sistema español. Por esto, partidos completamente diferentes no podían encontrar una solución uniforme, que hiciera justicia a ambos lados. La multitud de problemas, empezando por la distribución desigual de los terrenos, el papel de los militares y el conflicto entre la Iglesia y el Estado, hasta las regiones que no pudieron identificarse con España produjeron tensiones en todo el país. Por lo tanto, los intentos de reformas fracasados contribuyeron a gran parte al comienzo de la guerra civil. Aunque la introducción de las nuevas leyes y reformas fue anulada después de sólo poco tiempo, con lo que fue un primer intento de la renovación del sistema español y por consiguiente del alejamiento de los viejos valores y tradiciones.

Al escribir mi trabajo y gracias a la profundización en la temática, he llegado a la conclusión, que la Segunda República Española es de gran importancia para la historia de España. Por desgracia, yo he podido mostrar en este trabajo sólo una pequeña parte del complejo tema de la República y la Guerra Civil. Pero este tema lo podría tratar y realizar con mucho más detalle en un trabajo más amplio, por ejemplo en el trabajo de Bachelor.

5. Bibliografía

Beevor, Antony: Der Spanische Bürgerkrieg. München 2006.

Bernecker, Walther Ludwig: Krieg in Spanien 1936-1939. Darmstadt 2005.

Bernecker, Walther Ludwig: Spanische Geschichte. Von der Reconquista bis heute. Darmstadt 2002.

Collado Seidel, Carlos: Der Spanische Bürgerkrieg. Geschichte eines europäischen Konflikts. München 2006.

Garcia-Nieto, Carmen Maria/Donézar, Javier María: La Segunda República. Bd. 1. Economía y aparato del estado. 1931 – 1936. Madrid 1974.

Maurice, Jacques: La reforma agraria en España en el siglo XX (1900-1936). Madrid 1978.

Schauff, Frank: Der Spanische Bürgerkrieg. Göttingen 2006.

Herold-Schmidt, Hedwig: Vom Ende der Ersten zum Scheitern der Zweiten Republik (1874-1939). In: Schmidt, Peer/Herold-Schmidt, Hedwig (Hgg.): Geschichte Spaniens. Stuttgart 2013.

Tuñón de Lara, Manuel: Strukturelle Ursachen und unmittelbare Anlässe. In: Tuñón de Lara, Manuel (et.al.) (Hgg.): Der Spanische Bürgerkrieg. Eine Bestandsaufnahme. Frankfurt am Main 1987.

Vilar, Pierre: Der Spanische Bürgerkrieg 1936-1939. Berlin 1999.

Lightning Source UK Ltd.
Milton Keynes UK
UKHW010639051120
372844UK00001B/202

9 783656 961055